Tucholsky Wagner Zola Scott Sydow Freud Schlegel
Turgenev Fonatne
Wallace
Twain Walther von der Vogelweide Fouqué Friedrich II. von Preußen
Weber Freiligrath Frey
Fechner Weiße Rose von Fallersleben Kant Ernst
Fichte Richthofen Frommel
Engels Fielding Hölderlin
Fehrs Faber Flaubert Eichendorff Tacitus Dumas
Eliasberg Ebner Eschenbach
Feuerbach Maximilian I. von Habsburg Fock Eliot Zweig
Ewald Vergil
Goethe Elisabeth von Österreich London
Mendelssohn Balzac Shakespeare Dostojewski Ganghofer
Lichtenberg Rathenau
Trackl Stevenson Hambruch Doyle Gjellerup
Mommsen Tolstoi Lenz Droste-Hülshoff
Thoma Hanrieder
Dach Verne von Arnim Hägele Hauff Humboldt
Reuter Hagen Hauptmann Gautier
Karrillon Garschin Rousseau
Defoe Baudelaire
Damaschke Descartes Hebbel
Hegel Kussmaul Herder
Wolfram von Eschenbach Schopenhauer Rilke George
Darwin Dickens Grimm Jerome
Bronner Melville Bebel Proust
Campe Horváth Aristoteles
Bismarck Vigny Barlach Voltaire Federer Herodot
Gengenbach Heine
Storm Casanova Tersteegen Grillparzer Georgy
Chamberlain Lessing Langbein Gilm
Brentano Gryphius
Strachwitz Claudius Schiller Lafontaine
Katharina II. von Rußland Bellamy Schilling Kralik Iffland Sokrates
Gerstäcker Raabe Gibbon Tschechow
Löns Hesse Hoffmann Gogol Wilde Vulpius
Luther Heym Hofmannsthal Morgenstern Gleim
Roth Heyse Klopstock Klee Hölty Kleist Goedicke
Luxemburg Puschkin Homer Mörike
La Roche Horaz Musil
Machiavelli Kierkegaard Kraft Kraus
Navarra Aurel Musset Kind
Nestroy Marie de France Lamprecht Kirchhoff Hugo Moltke
Nietzsche Nansen Laotse Ipsen Liebknecht
Marx Ringelnatz
von Ossietzky Lassalle Gorki Klett Leibniz
May vom Stein Lawrence Irving
Petalozzi Knigge
Platon Kafka
Sachs Poe Pückler Michelangelo Kock
Liebermann Korolenko
de Sade Praetorius Mistral Zetkin

Der Verlag tredition aus Hamburg veröffentlicht in der Reihe **TREDITION CLASSICS** Werke aus mehr als zwei Jahrtausenden. Diese waren zu einem Großteil vergriffen oder nur noch antiquarisch erhältlich.

Symbolfigur für **TREDITION CLASSICS** ist Johannes Gutenberg (1400 — 1468), der Erfinder des Buchdrucks mit Metalllettern und der Druckerpresse.

Mit der Buchreihe **TREDITION CLASSICS** verfolgt tredition das Ziel, tausende Klassiker der Weltliteratur verschiedener Sprachen wieder als gedruckte Bücher aufzulegen – und das weltweit!

Die Buchreihe dient zur Bewahrung der Literatur und Förderung der Kultur. Sie trägt so dazu bei, dass viele tausend Werke nicht in Vergessenheit geraten.

Langbehns Lieder

Julius Langbehn

Impressum

Autor: Julius Langbehn
Umschlagkonzept: toepferschumann, Berlin

Verlag: tredition GmbH, Hamburg
ISBN: 978-3-8424-0629-2
Printed in Germany

Julius Langbehn

Langbehns Lieder

Wer liebt,
singt nur von seiner Liebe.

1. Seele und Erdenwelt

Erika

Du Blume der Bescheidenheit,
du Kräutlein ohne Herzeleid –
Erika in der Haide!

Du duftest nicht, du leuchtest nur;
du zartes Stiefkind der Natur –
Erika in der Haide!

Von Kummer lösest du mein Herz;
du linderst jeden bittren Schmerz –
Erika in der Haide!

Du meine Luft in Einsamkeit,
du milder Trost zu jeder Zeit –
Erika in der Haide!

Brautlied des Hirten

Grüne Berge
und ein blauer See
und ein roter Mund –
die lachen mir.

Wenn ich küsse,
geht die Sonne auf.
Wenn ich scheide,
kommt der blasse Mond.

Vögel singen
mir ihr Jubellied
und die Grille
denket mein im Gras.

Denn sie liebt wie ich.
Tausend Freuden
ziehen mir durchs Herz,
weil ich weiß, ich bin geliebt!

Im Grase

Tausend lispelnde Geschwister
stehen um mich her und küssen
mir mit leisem Hauch die Wange,
flüstern liebliche Gedichte
mir in Herz und Aug und Ohren.

Grüßet mir die Welt, die schöne;
grüßet mir den hohen Himmel
und die Erdenkinder alle
und die Engel dort im Blauen –
grüßet Gott, den Allerhöchsten!

Die Quelle

So stille und so feierlich,
so klar, so gut, so groß
drängt hier des Wassers Quelle sich
hervor aus Erdenschoß.

Sie labt den Blick, sie labt den Mund,
sie fließt dahin so rein;
sie muß für Jedermann gesund
und herzerquickend sein.

Ahnung

Werd ich ihn finden den Freund,
den meine Seele ersehnt?
Oder soll ich zum Schattenreich
einsam wandeln und liebeleer?

Nahe Dich, Genius, denn
einst – und mit leiser Hand
rühre mich an und verkünde mir,
wann er erscheint, der mir kommen soll!

Zugvögel

Singende,
schwingende,
fliegende,
wiegende
Bürger der Lüfte, wo eilt ihr doch hin?

Stündliche,
schwindliche,
säumende,
träumende
Sehnsucht erweckt ihr mir, wo ich auch bin!

Phantasie

Schön muß es in Smyrna sein!
Datteln, Wachteln, Trauben, Wein,
glutgeaugte Griechenkinder,
breitgestirnte fromme Kinder –
alle diese Herrlichkeit
wartet Dein zu jeder Zeit!

Steige, Freund, denn rasch zu Schiff!
Fürchte Stürme nicht noch Riff.
Segel führen Dich nach Süden,
Hoffnungslicht erquickt den Müden –
lande, liebe, lebe dort
an dem allerschönsten Ort!

Verlangen

Blumen seh ich blühen,
aber nicht für mich;
Früchte seh ich reifen,
aber nicht für mich.

Tausend süße Freuden
eilen mir vorüber;
und von diesem Heere
grüßet keine mich.

Meine Blicke sinken
auf die Erde hin;
Blumen, Früchte, Freuden
laß ich gerne ihr –

Aber eine Seele,
die mit mir empfinde
in dem Freudesauge,
diese wünsch ich mir.

Freundschaft

Schön ist, wer zu der klingenden Welt
schwingt die tanzenden Beine,
schön ist, wer zu dem herrschenden Gott
hebt die betenden Arme,
aber am schönsten erscheint mir doch
doppelleuchtendes Augenpaar,
das seinesgleichen erkennet.

Seele tauchet in Seele sich
und es stocken die Adern,
Gluten strömen zum Herzen hin,
lodernd in heiligem Brande:
Sieh, es suchet die furchtsame Hand

Liebeszeichen und findet sie
in dem Drucke der andern.

Hoch hinauf in der Sterne Chor
reißt es die Menschengefährten.
Tief auf Welten hinab entsinkt
dort ein flüchtiges Schauen:
Ewigkeiten begegnen sich,
wenn sich Lebendige treffen
und einander umarmen.

Der Tautropfen

Was glüht so hell, und heller, wie das Feuer?
Was fließt so rein, und reiner, wie das Wasser?
Was überstrahlt den Demant selbst an Glanz?
Was ist noch flüchtger als der Wellen Tanz?

Es ist der Tropfen, der das Bild der Sonne,
der Himmel Dir und Erde widerspiegelt.
Er selbst ist nichts; er gibt nur, was er sieht,
zur Labung hin dem liebenden Gemüt.

Dichterlos

Dem Kinde, das in Perlen wühlt
und Diamanten um sich streut
und – ob es sich auch sehr erfreut
am bunten Schein –
doch selber fühlt,
es sei so ganz allein:

Dem ist ein armer Dichter gleich,
wenn er des Gottes Ruf verspürt
und ihn der Sehnsucht Macht verführt,
daß er der Welt,
so schön, so reich,
ihr Bild entgegenhält.

Er lockt wohl manches Menschenherz
mit seiner Leier süßem Ton,
und mancher Gute dankt ihm schon,
daß er versteht,
in Freud und Schmerz,
was durch die Seele geht.

Doch einsam trägt er seine Lust
und seines Seherblickes Last:
Die edle Kraft, die ihn erfaßt,
bezahlt er gut –
aus seiner Brust –
mit seinem eignen Blut.

Nacht und Tag

Wunderliche Träume kommen
öfters nachts, mich zu besuchen:
Manchmal sind es alte Freunde,
manchmal sind es neue Feinde,
die mit seltsamen Gebärden
mich zu lieben, mich zu hassen
übereifrig sich bemühn.

Doch ich frage nicht nach solchen
schattenhaften Mißgestalten,
die mit unfruchtbarem Wollen,
sei es freundlich oder feindlich,
ihre schwache Kraft verzehren,
mich in ihren Kreis zu ziehen:
Denn dergleichen lieb ich nicht.

Helles Licht des Tages lieb ich
und ein frisches, freies Wollen
und ein Herz, das ohne Zaudern
sich dem andern offenbart!
Was sind Träume, was sind Schäume,

was sind Menschen ohne Taten
als ein Spuk, der nächtlich weht?

Zur Laute

Ein Spielmann bin ich, Spielmannskind
und Spielmannsvater auch,
und Spielmannsbruder nennt man mich
nach altem Spielmannsbrauch.

Ein Spielmann will ich sein und euch
den Spielmannsdienst versehn,
aus Spielmannsliedern lernt ihr leicht
den Spielmannsmut verstehn.

Mit Spielmannsernst und Spielmannsscherz,
mit süßem Spielmannston
erquickt ich eure Seelen oft
nach Spielmannsweise schon.

So laßt mich Spielmann weiter ziehn
und fragt mich nicht, wohin.
Mein Spielmannsschicksal treibt mich fort,
weil ich ein Spielmann bin.

An eine Mutter nach der Geburt

Rosenknospe, kaum erblüht,
junges Leben, das erglüht,
Freude, die vom Herzen zieht,
waren Dir beschieden!

Welt, die sich mit jedem Tag
und zu jedem Stundenschlag
wundergern erneuern mag,
ward aus Dir geboren!

Leise kreist der Sterne Heer
durch das dunkle Himmelsmeer
und die Seele jauchzet sehr,
wenn sie wiederkommen!

Schöner Gang der Weltenuhr,
Atemzug der Gottnatur,
ich erkenne eure Spur
in den Kindesaugen!

Schlaflied

Legt euch nieder,
streckt die Glieder
auf das weiche Lager wieder,
wie ihrs gestern auch getan.
Senkt die Lider,
süße Lieder
künden euch die Ruhe an.

Wie sie blühen,
wie sie glühen,
neues Leben in sich ziehen,
diese Wangen, rot von Schlaf.
Sorgen fliehen,
heiße Mühen
schwinden, weil euch Tröstung traf.

Engel mögen
Glück und Segen
euch in eure Herzen legen,
Hoffnung wiege leis euch ein.
Allerwegen
euch zu regen,
soll euch Kraft beschieden sein!

Das verstorbene Kind an seine Mutter

Mutter, Mutter, höre mich,
weine nun nicht mehr.
Trockne Deine Tränen ab,
traure nicht so sehr.

Dort, wo keine Sorgen sind,
lebe ich in Ruh,
und nach einer kurzen Zeit
folgest mir auch Du.

Warte Du denn in Geduld,
bis der Tag erscheint,
der, was jetzt getrennt noch ist,
ewiglich vereint.

Totenlied

Tragt den Toten jetzt hinaus
auf die Friedensstätte.
Laßt ihn ruhen im stillen Haus
auf dem Eichenbette.

Denkt, wie er euch freundlich war,
Brudersinn bewahrte,
sich zu seiner Lieben Schar
so gesellig scharte.

Nun verlassen liegt er da,
reicht euch nicht die Rechte:
Seht, wie ist der Tod so nah
menschlichem Geschlechte.

Eines Tages wacht er auf,
findet all euch wieder –
laßt der Zeit denn ihren Lauf,
senkt die Häupter nieder.

Und mit fromm gewohnter Hand
gebt ein Häuflein Erde
ihm, daß er ins bessre Land
heimgeleitet werde.

Friede sei sein Siegerlohn
nach dem Erdenstreiten,
neue Dinge warten schon
sein in Ewigkeiten.

Weltglück

An den goldnen Pforten
staut sich hier der Pöbel.
Her von allen Orten
bringen sie die Knebel,
edlen Geist zu knechten.

In der Tat, ich sehe
solche Schurkenstreiche,
daß ich nun verstehe,
was so manche bleiche
Mienen mir erzählen.

Ohne Recht und Ehre,
ohne Treu und Glauben
handeln, heißt die Lehre
derer, die dem tauben
Glück sich blind verschreiben.

Lasset sie in Menge
sich die Hälse brechen!
Fern von dem Gedränge
will ich leise sprechen:
Gnade Gott euch allen.

Die Buhlerin

Moschusduft, Umbraluft
sprühst du aus und lächelst,
wenn du mit dem Palmenzweig
lockend dich umfächelst.

Sonnenblick, Liebesglück
kündest du dem Armen,
der an deiner kalten Brust
sucht sich zu erwarmen.

Schlangengleich, farbenreich
weißt du dich zu schmiegen,
Süßigkeit und Bitterkeit
augenblicks zu lügen.

Neidgetränkt, schmerzversenkt
wirst du einst ergrauen
und zu einer Totengruft
selber dich erbauen.

Der Tod spricht

Nur einen Schritt sollst Du mit mir
von hier zum Grabe gehn.
Drum weine nicht. Gib mir die Hand.
Der Schmerz wird bald vergehn.

Dann sollst Du ruhn in stiller Nacht
und schlafen wunderlang.
Erwecken wird am jüngsten Tag
Dich der Posaune Klang.

Was drauf geschieht, das darf ich Dir
verkünden nicht zur Stund:
Erwart es nur – in Ewigkeit
wird es Dir einmal kund.

Ungetrennt

Einen Freundesblick
sende du mir nach,
wenn ich einst ins Grab
mich, ins dunkle, leg.

Weihe du mir dann
einen letzten Kranz,
der mein blasses Haupt
dir beinah verbirgt.

Leiser Blumenduft
soll ein Bote sein,
daß mein Herz dir schlägt
auch in jener Welt.

Tränenlos

Schmerz empfinden und des süßen
Tränentrostes zu entbehren,
ist ein Leiden, das ich keinem
meiner Freunde und auch keinem
meiner Feinde jemals wünsche.

Denn von allen Erdenqualen
scheint mir diese doch die höchste:
Trocknen Auges zu bejammern,
was ein unerbittlich Schicksal
allzufrüh dem Herzen raubte.

Glücklich preis' ich darum Jeden,
dem die Last geheimen Wehes
sich in flüssigen Kristallen
aus den Augen langsam löst.
Ihn wird nicht der Gram verzehren.

Aber tränenlos zu dulden –
das geht über Menschenkräfte,
das vermag ein Herz von Stein
aus dem Grunde zu erschüttern,
mit Verzweiflung es zu füllen. vAus der Höhe

Die Trauernden sehen
den Fröhlichen zu,
und ihr Auge erwacht
und ihr Herz kommt zur Ruh.

Blitze suchen sich Wege
durch Wälder und Meer,
tief bannet ein Zauber
das himmlische Heer.

Geisterrufe verklingen
im Dome der Zeit,
es kämpft mit dem Heute
die Ewigkeit.

Junges Blut

Wie der Wind die Wellen treibt
auf der blauen See,
wie er in die Wolken schreibt
Schiffers Wohl und Weh,

Wie der Vögel leichte Schar
durch den Äther zieht,
Jüngling mit dem goldnen Haar,
so ist Dein Gemüt.

Heldenschicksal

Wagst Du von der breiten Straße
alter Torheit abzugehn,

Wirst Du als erkornes Opfer
bald Dich auf dem Richtplatz sehn.

Schwer vergibt es Dir die Menge,
daß Du ihre Lehre schmähst,
daß Du anderswo im Lande,
als auf ihrem Boden stehst.

Doch verzage nicht: dem Helden
ist der Siegeskranz bereit,
der ihm Lohn für seine Leiden,
Ruhm gibt für die Ewigkeit.

Minnelieder

Wie wenn die Woge sehnsuchtsvoll
ans Meeresufer schlägt,
und Schaum als leichten Liebeszoll
dem Land entgegenträgt:

So sei auch Dir dies Lied geweiht,
das aus der Seele dringt
und alle meine Zärtlichkeit
in süße Töne bringt.

*

Die Anmut Deiner Züge gleicht
der Sterne mildem Glanz,
und Deines Auges Licht erreicht
des Mondes Leuchten ganz.

So zeigt mir denn Dein Angesicht
des hohen Himmels Pracht,
nur daß der Himmel lieblich nicht,
wie Du zuweilen, lacht.

*

Es blühen die Veilchen am Bergeshang
es klingt in den Lüften der Vögel Sang,
aber laut schlägt das Herz mir,
weil ich bei Dir bin!

*

Rotes Blut und weißer Schnee,
weiße Lilien, roter Klee,
wenn ich die zwei Dinge seh,
tut mein Herz mir gar so weh.

Ein Gedanke hat gemacht
traurig mich bei Tag und Nacht:
daß du einstens hast gelacht,
als ich dir mein Herz gebracht.

Einmal blüht die Liebe nur.
Weißer Schnee und schwarze Spur,
kaltes Herz, verdorrte Flur –
einmal blüht die Liebe nur.

*

Die Perle ruht im Meeressand
und weiß nicht, was sie ist,
bis eines Fischers kluge Hand,
erst ihren Wert ermißt,
erst ihren Wert ermißt.

Dann glänzt sie froh im Königssaal
von Demantschein umringt –
so fand mein Herz auch dich einmal,
die jetzt mein Mund besingt,
die jetzt mein Mund besingt.

Du kanntest deinen Adel nicht,
bis ich ihn dich gelehrt.
In Liedern strahlt nun hell sein Licht
wie deiner Seele Wert,
wie deiner Seele Wert.

Away

The night has a thousand eyes
and the day but one;
yet the life of a whole world dies
with the setting sun.

The mind has a thousand eyes
and the heart but one,
yet the joy of a whole life dies –
if love is gone.

Liebe

Nach Liebe dürstet mein Herz,
nach Liebe sehnt sich mein Mut,
nach Liebe seufzet mein Mund:
O Liebe, komm!

Die Sonne freuet mich nicht,
der Mond erquicket mich nicht,
die Sterne locken mich nicht:
Weil Liebe fehlt!

In Trauern lebe ich hin,
in Tränen schmachte ich hin,
in Trübsal sterbe ich hin:
Bis Liebe naht!

Kassandra

Kassandra, du schöne,
du bleiche Seherin,
was gehst du dort im Mondschein
durch Lorbeerbäume hin?

Dein Blick erhebt sich leise
zum Tempel des Apoll;
es zuckt dein Mund: er klaget,
daß er nun schweigen soll.

Du ringst die weißen Arme
und niemand sieht dir zu,
du seufzest herzgebrochen
und kommst doch nicht zur Ruh.

Verhülle mit dem Schleier
dein Unglücksangesicht;
und reiche uns den Becher,
den wermutsvollen, nicht.

Was kommen soll, wird kommen
an einem andern Tag –
es wird sich nur vollenden,
was Gott vollenden mag.

Das Opfer

Wie klar der Schatten auf die Fläche fällt,
wenn hoch ein Tempel zwischen Bergen steht,
den helle Marmorfliesenpracht umgibt!

Anbetend naht die frohe Jugend sich,
und auch der Greis, er wankt gebückt herbei,
doch feste Männerkraft gibt Beiden Halt.

Schon glüht empor der blaue Opferrauch,
das Rind erharrt, dem Gotte sich zu weihn,
und Priesterchöre heben langsam an.

Der heitre Himmel lächelt gnadenvoll,
es rauscht ein Wind und eine Wolke steigt:
Ein Donner tönt – der Gott erhörte uns!

Kinder der Welt

Dort gehen sie,
sie träumen
Schmetterlingen gleich:
Ein kurzes Leben wartet hier
und dann des Todes Reich.

Lasset sie sich freuen
heute noch einmal,
morgen, ach, erfahren sie
des Unterganges Qual.

Hebet die Hände
segnend empor
und preiset Gott, den waltenden,
in gleichgestimmtem Chor!

Sein Blick erhält den Schwachen
sowie den Starken auch.
Er weiß es wohl zu machen:
Er gönnet seiner Güte Licht
den Kindern dieser Welt.

Der Heros

Hier ein brechendes Auge,
dort ein zuckender Arm,
hier ein Mund im Erstarren,
dort ein Herz, das noch warm:

Hin durch Totengefilde
lenkst du den Heldenschritt,
Leiden bringst du der Menschheit
und du leidest mit.

Apokalyptisch

1.
Ich sah ein sehr großes Tier ohne Kopf;
es hieß » Volk«.

2.
Da, wo es einen Kopf haben sollte, hatte es
zahllose Warzen.

3.
Viele davon spritzten Gift.

4.
Das Tier keuchte und zappelte über die Maßen.

5.
Von Zeit zu Zeit kam ein Harlekin und zog
es hin und her.

6.
Dies bewerkstelligte er mit einem Strick,
Politik genannt.

7.
Sehr schwitzte und sehr stank das Tier.

8.
Einige Engel, die von Ferne standen, legten
die Hände zusammen und weinten.

9.
O weh, wie traurig sah das aus.

Gegenwart

Zwischen Säulen,
die gestürzt sind,

zwischen Tempeln,
die entweiht sind,

zwischen Menschen,
die »gebildet« sind,

zwischen Mädchen,
die verführt sind –

wandle ich dahin und finde keine Ruhe.

Deutsche Not

Das Volk in Deutschland singt nicht mehr, o weh!
Wo käme die Lust zum Singen her? o weh!

Die Hand ist ihm zerschunden, o weh!
Die Fröhlichkeit verschwunden, o weh!

Dem Manne schlägt so laut sein Herz, o weh!
Es seufzt die Frau in stummem Schmerz, o weh!

Die Kinder, die Kinder, sie rufen leis: o weh!

2. Tafel des Edlen

Edel ist,
wer die Kinder schützt
vor Gewalt und Gift.

Edel ist,
wer dem Besseren dient
rasch und mit frohem Sinn.

Edel ist,
wer die Reinheit liebt
über alles.

Edel ist,
wer den Kampf
mit dem gierigen Pöbel nicht scheut.

Edel ist,
wer sein Herz
in das eines Freundes legt.

Edel ist,
wer den Menschen
nur soviel schätzt, wie er Seele hat.

Edel ist,
wen Gesang
erbeben macht.

Edel ist,
wer Kindergedanken
unerschüttert im Busen hegt.

Edel ist,
wem süßes Behagen
gab ein Gott.

Edel ist,
wem klarer Blick
aus dem Auge strahlt.

Edel ist,
wer Maß
zu halten weiß.

Edel ist,
wer weint,
wenn der Edle leidet.

Edel ist,
wer die Frauen liebt,
die rein sind.

Edel ist,
wer Gesetze
gerne hält.

Edel ist,
wessen rechte Hand
nie die geschworene Treue bricht.

Edel ist,
wer auf den Hochmut
tritt mit eisernen Füßen.

Edel ist,
wer hohen Sinn
trägt und ein zartes Herz.

Edel ist,
wer gerade aus
blickt und nicht rechts noch links.

Edel ist,
wer schaudert
vor Gemeinheit.

Edel ist,
wer schöne Sitte
übt.

Edel ist,
wer zeugt
den Edlen.

Edel ist,
wer liebt
in der Stille.

Edel ist,
wer das Meer und die Sonne
und die grünende Erde schätzt.

Edel ist,
wer den fremden Geistern
freundlich zuspricht.

Edel ist,
wer versteht,
was frühere Menschen erlebten.

Edel ist,
wer weise
und stark und unschuldig ist.

Edel ist,
wer geduldig
Donner und Blitze und Regen erträgt.

Edel ist,
wer unermüdet
regt die schaffende Künstlerhand.

Edel ist,
wem das Herz
jauchzt, wenn er Kinderaugen sieht.

Edel ist,
wem die Lippen
schweigen und reden in Liebesglut.

Edel ist,
wer Schalmeienton
sendet aus auf die Frühlingsflur.

Edel ist,
wer lacht
und wenig sagt.

Edel ist,
wer den Kot
flieht.

Edel ist,
wer wenig hat
und vieles tut.

Edel ist,
wer dem schimmernden Tautropfen
gleicht.

Edel ist,
wer
in die Sonne sieht.

Edel ist,
wen
die Nacht nicht schreckt.

Edel ist,
wem siebenfach
Gleichmut gepanzert das Herz umzieht.

Edel ist,
wer von Helden gern
hört und spricht.

Edel ist,
wer getreulich
hofft, daß ein Tag der Ernte kommt.

Edel ist,
wer Ruhe
hat und gibt.

Edel ist,
wer guten Rat
mit lieblicher Stimme verteilt.

Edel ist,
wer das Haupt zu den Sternen
und den Blick zur Erde wendet.

Edel ist,
wer
Knaben die helfende Hand reicht.

Edel ist,
wer bleibt
so, wie ihn der Himmel schuf.

Edel ist,
wessen Knie nie wankten
in Gefahr.

Edel ist,
wer getrost und lächelnd und helläugig
in den Tod geht.

Edel ist,
wen klingendes Gold
nie abzog vom rechten Wege.

Edel ist,
wessen Ehre
nicht ruht in der Leute Mund.

Edel ist,
wer aufsteht
vor dem greisen Haar.

Edel ist,
wer jung bleibt
heute und immerdar.

Edel ist,
wer sich neigt
dem Edlen.

Edel ist,
wer sich freut
über fremde Gärten.

Edel ist,
wem der Anmut Götter
umscherzen die Stirn.

Edel ist,
wer mit leiser Hand
schmerzende Wunden berührt.

Edel ist,
wer Kränze trägt
auf dem Haupte und hin zu Altären.

Edel ist,
wem des verschwiegenen Veilchens Duft
gefangen nimmt das sehnende Herz.

Edel ist,
wer
vertraut.

Edel ist,
wer
sorgenlos eilt ans Ende der Welt.

Edel ist,
wer
spielen kann.

Edel ist,
wer
aus dem Kleinen das Große schafft.

Edel ist,
wer in sicherer Hand
hält das eigne Geschick.

Edel ist,
wer mit dem Sturm kann
und auch mit dem Zephyr gehn.

Edel ist,
wem der Wolken Spiel
gefällt.

Edel ist,
wer
deutlich redet.

Edel ist,
wer erzieht
zum Schönen.

Edel ist,
wer
die Welt besiegt.

Edel ist,
wer andachtsvoll
horcht dem Flügelschlag der Engel.

Edel ist,
wer nicht müde wird,
wenn der Gott befiehlt.

Edel ist,
wem Jesu Wort
des Herzens innerste Saiten rührt.

Edel ist,
wer den Armen
gerne erquickt.

Edel ist,
wer tröstet,
wo er kann.

Edel ist,
wer –
adelt.

3. Seele und Gottesreich

Abkehr

Wie blindgeboren
sind diese Menschen,
wollen die Freuden
segnenden Lichtes
niemals erkennen.

Hoffen ist Torheit,
Glauben ist Wahnsinn,
Leben ist Tod – für
den Geist, der sich in
lichtlose Fremde verlor.

Stimme des Rufers

Dunkle Propheten
wohnen in Höhlen,
künden den Gott, der
selbst sich verbirgt.

Worte des Unheils
fallen von Lippen,
bebend im Zorne
heiligen Wehs.

Mensch, gehe in dich,
fürchte die Gottheit,
doch ihre Diener
fürchte du auch.

Ursprung der Seele

Wie schön hat Gott die Welt in graden Fernen,
in Kreisen, Wirbeln, Sphären aufgebaut.

Wie hat er sie belebt mit Sonnen, Sternen
und selbst des Herzens Schlag ihr anvertraut.

Er schuf das Menschenauge, dessen Leuchten
die süße Pracht des Himmels widerstrahlt,
er gab die Perlen ihm, die schönen feuchten,
in denen sich das Menschenschicksal malt.

Und was der Schöpfer bildete so weise,
das goß er Alles in die Seele ein
des Menschen, den er liebte. Leise
webt es dort fort und soll des Gottes sein!

Engel und Kinder

Die Engel des Himmels in blauem Gewand
durchkreuzen die Lüfte und singen,
daß weit über Wälder und Meere und Land
die lieblichen Weisen erklingen.

Die Kinder, sie horchen dem goldenen Schall,
sie laufen und springen voll Freuden.
Sie folgen den Engelein überall
und wollen von ihnen nicht scheiden.

Sie scherzen, sie spielen, sie lieben sich sehr,
die Boten von hier und von dorten.
Ihr leuchtendes Augenpaar kündet euch mehr,
als sprächen sie zehnfach in Worten.

Sei Du auch Kind zu werden bereit,
so fühlst Du Dich täglich gesunder,
so kehrt sie Dir wieder, die selige Zeit
der kindlichen Werke und Wunder!

Loblied Gottes

Laß die Blinden
ihn verkünden,
laß die Tauben
an ihn glauben,
laß die Lahmen
seinen Namen
ewig rühmen auf der Erde!

Der Sünder

O wie schön sind diese Tränen,
die aus Seelentiefen steigen
auf zu Gott und leise wieder
zu der dunklen Erde kehren
schmerzensschwer!

Sonnenlicht der Himmelsgnade
scheint durch zarte Wehetropfen;
und sie bricht sich siebenfarbig,
Reue und auch Freude zu verkünden
frühlingsschwer!

Regenbogen, Friedensbogen,
du von Gottes Hand gezogen
durch das feuchtverklärte Blau,
machst die Herzenssaaten sinken
hoffnungsschwer!

Engelschwingen hör ich rauschen;
Silbersensen seh ich blinken.
Und die reifen Schwaden fallen –
Bußeopfer des Versöhnten –
freudenschwer!

Rein ist unsres Vaters Liebe,
heiß und süß wie Ernteluft.

Das ist Seligkeit hienieden,
Erntekränze ihm zu winden
dankesschwer!

Lieber Herr

Laß mich die Welt bewegen,
und sie zu Deinen Füßen legen,
lieber Herr!

Laß mich mit harten Schlägen,
und auch mit klugem Wägen,
den Eifernden wie auch den Trägen,
zuführen Deinem hohen Segen,
lieber Herr!

Ich klage nicht auf Schmerzenswegen,
ich zage nicht auf Gnadenwegen,
durch Liebessonne und durch Hassesregen,
geh ich der Zukunft gern entgegen,
lieber Herr –

Wenn Du mich hältst!

Maria Magdalena

Wenn ich in namenlosem Schmerz,
von Tränenflut betaut,
den Blick gewendet himmelwärts,
mich fühl als Christi Braut,

So drückt mich wohl der Sünden Last,
der Welt verloren Spiel –
doch weiß ich, großer Gott, du hast
auch deiner Gnaden viel.

Laß mein gebrochnes Herz für dich
ein Liebesopfer sein;

der Sinne Qual betörte mich,
die Reue schuf mich rein.

Christus

Der du der Welten Leid auf dich genommen,
der du zu uns hernieder bist gekommen,
zu teilen unsrer Seelen Schmerz –

Befreier du von allem Schaden,
mit unsrer Aller Last beladen,
entlaste unser armes Herz!

Klage

Ach, ich war nicht immer ehrlich,
ach, ich war nicht immer treu;
denn die Welt ist gar begehrlich,
trägt vor Unschuld keine Scheu.

Schnell ist jener Hauch entschwunden,
der der Kindheit Pfad umschwebt,
und die Hölle, losgebunden,
wütet gegen den, der lebt.

Mir auch ward der Schatz genommen,
den ich doch so gern bewahrt;
böse Tage sind gekommen,
und ich fiel nach Menschenart.

Bittre Tränen, heiße Reue
riefen nicht den Lenz zurück:
stets bewein ich dich aufs Neue,
meiner Jugend süßes Glück.

Weg der Buße

Herbem Prophetenwort
füge, Geduldiger, Dich.
Himmelsfrucht wartet Dein,
wenn Du nicht zurückschreckst
vor ihren Stacheln!

Herz und Haupt
sind sich verfeindet,
sie zu versöhnen,
trage das Bußgewand
gern und erbebe nicht!

Lauteren Sinnes
wandle den Wüstenpfad.
Lieblich verborgen
blüht eine Blume dort,
die heißt »Beständig«!

Nimm sie mit zarter Hand,
brich sie mit fester Hand,
richte Dein Auge drauf,
wende es himmelauf
und danke Gott!

Vor der Krippe zu Bethlehem

Liebeverlangendes Kind der Gottheit,
Knospe vom Rosenstrauch des Paradieses,
Glorienfunke aus Himmelshöhen,
unsere Welt zu entzünden gesandt –
leuchte, glühe, blende, süßes
Kleinod von des Vaters Hand!

Gebet

Nimm mein Herz,
Du lieber Jesus,
an zum Opfer;
für Dich schlägt es;
für Dich trägt es
alle Leiden gern!

Leidensnacht

Die Nachtigall von Golgatha gibt wundersamen Laut.
Sie hat in süßem Sehnen,
aus Blut und Schweiß und Tränen,
am düftereichen Ölberg dort ein Nest sich aufgebaut.

Sie seufzte und sie klagte und sparte ihrer nicht.
Sie trug den Tod im Herzen.
Sie sang das Lied der Schmerzen
von früher Abendstunde bis zum Morgendämmerlicht.

Vom Himmel fuhr zur Erde ein blutigroter Schein.
Die Nachtigall erschrak so sehr –
da klang ihr Silberton nicht mehr
aus Kehle und aus Seele in den dunklen Wald hinein. ...

Sei gesegnet, heilige Trauer

Heilige Trauer,
die an Christi Grabe stand,
marmorbleich und sinnverloren;
und die schon an des Menschen Wiege
zitternd und schluchzend ihr Haupt verhüllt;
sei mir gottgesandte Amme
hier auf dem steinigen Erdenwege.

Meine Kinderfüße straucheln,
ungewohnt der harten Bahn.

Als ich noch wandelte im Licht,
ein Lichtstrahl im Auge des höchsten Gottes,
kannte ich, Freundin, Dich nicht.
Himmeltau hing mir in den Locken,
und mein Mund sang frohe Lieder.

Jetzt, da ich niederstieg mit Schuld beladen
und weh mit gleitendem Fuß,
in das dämmernde Tal der Tränen,
ohne Fittig, ohne Freude,
schmerzzerschlagen, gebeugten Hauptes,
suche ich Dich, Du stumme Trösterin,
weine und finde Dich weinend.

In der gesenkten Hand die Fackel,
wanderst Du müde den langen Weg,
suchst mit irrem Aug die Perle,
die einst fiel aus den Himmelsauen
in den Erdenkot herunter:
Und Du selber gleichst dieser schwarzen Perle,
dunkel, edel, und Leid verkündend.

Doch ein Trostblick ist uns geblieben;
Vatergüte läßt nicht verzweifeln.
Bittres Kraut führt gerne zur Heilung;
Sonne wandelt die Nacht zum Tage,
Weh hat oft schon Wohl geboren.
Und aus purpurnen Todeswolken
hebt sich der Glanz eines neuen Lichtes,
das Dich kleidet in leuchtendes Weiß.

Priester, hüte deine Zunge

Priester Gottes! Leicht beweglich
ist die Zunge einer Wage
und die Zunge auch des Menschen.

Jene muß im Lote stehen,
diese muß sich sorglich hüten
vor den Leuten, die da lügen.

Böser Wind fegt durch die Gassen,
giftge Dünste führt er mit sich;
laß die Zunge sie nicht schmecken.

Gottesworte soll sie künden,
Menschenherzen soll sie richten,
Erd und Himmel schön vermählen.

Nur Gerades darf sie sagen.
Darf nicht zittern und nicht schwanken,
soll gerecht im Lote bleiben.

Priester Gottes! Geisteszunge
stand einst auf Apostelhäuptern,
die erglänzten voller Liebe.

Weh, wenn an dem letzten Tage
schief sich weist die Seelenwage.
Ach, zu spät kommt dann die Klage,

daß die Zunge saß zu locker!

Ars sacra

*Dies Lied widmete L. dem Erbauer des Sakramentsaltares in der
Stadtkirche zu Feldkirch, dem Bildhauer Fidelis Ruthart mit den
»Eucharistischen Liedern« des Priesterdichters Verdaguer.*

Dir, dessen Hand so schöne Engelhände
zu bilden weiß, reicht zarte Priesterhand
den Opferkelch der Poesie,
In den er auffing Christi Lebenssaft.
Musik der Sphären tönt aus diesen Liedern
so süß, wie aus Murillos Seelenkunst;
Musik der Sphären klingt auch in den Formen

und Farben, die Du aufgebaut;
sie brandet hin zu Gottes Thron.

So kehre sie von dort zurück als Echo,
das Dich geleite auf dem Erdenpfad
und Deinen letzten Atemhauch umspiele.
Die Erdenglorie, die Du Jesu schenktest,
sei Bürgschaft Dir für Deine Himmelsglorie.

Flut des Lichtes, Glut des Glanzes
Strömt Dein Tabernakel aus,
Wie er dort erhoben steht
Als ein geistumblühtes Ganzes,
Ein gemeißelt Dankgebet:
Summo Deo summa laus!

Engelsflug

Ich eile von Himmel zu Himmel,
Gottesbote wunderbar;
leise regt sich mein Lockenhaar
Wenn ich von Sonne zu Sonne schreite.

Hört ihr die Flügel rauschen
jenseit der Zeit?
Sturmwind der Ewigkeit
führt sie nieder aus Sternenhöhen.

Und sie rühren die Herzen an,
die erzitternd in Weh,
aufgewühlt wie die See,
betend schlagen zu Gott herauf.

Gnadenvoll der Balsam träuft
in die zerrissene Brust;
und Paradieseslust
füllt sie, wie sie mein Flügel streift.

Gesang der Engel

Heilig, heilig, heilig ist der Herr
und sein ist die Welt.
Sie liegt vor ihm da wie eine Hostie.
Er selbst weiht sie, sein eigener Priester.

Und sie muß gebrochen sein,
wie Herzen brechen;
muß getaucht sein
in den himmlischen Wein seiner Liebe.

Welt heißt der große Spiegel
ohne drinnen und draußen;
Gott ist der Bilder Urbild,
das sich selbst beglänzt.

Er kennt nicht Nahe und Ferne.
Sein Thron ist die Sehnsucht
frommer Seelen, die ihn ehren;
und er füllt sie mit goldnen Gluten.

Höhe und Tiefe kennt er nicht;
lebendiger Quell des Werdelichts
ist er. Und Leben entsprießt
und Schöpfungen perlen tausendfach.

Seht ins Antlitz des Vaters,
Kinder des Himmels!
Taucht hinab in ein Meer
lustdurchzitterter Ewigkeit.

wie die leise dämmernde Purpurwolke
grüßt den Tag, so stehen wir vor dem Throne
des Blitzesäers zarterrötend,
wenn uns sein Weltenauge ruft.

Marienblick

So freundlich blickte nie ein Menschenauge,
so rein und golden,
so verschwiegen nicht,
wie Deines, das ich heute sah,
Maria!

Und keine Nachtigall sang jemals ihre Lieder
so süß und schmerzenvoll,
in zartem Wohllaut schimmernd,
wie mir Dein Auge leuchtete,
Maria!

Das Sonnenlicht, im Weine neugeboren
und funkelnd aus kristallner Pracht,
vermählt geheimnisvoll so Glut und Feuchte,
wie selbst im Leid Dein Auge lacht,
Maria!

Wie Himmelsreinheit und wie Erdenduft
im Tropfen Tau's sich treffen, der ergossen
aus dunkler Nacht zum hellen Tage fließt,
so still und licht erschien Dein Auge mir,
Maria!
Geist Gottes, steig hinab in diesen Brunnen,
der Labung beut für eine ganze Welt,
und segne uns, die wir uns dürstend nahn –
aus Deinem Auge Trost zu trinken,
o Maria!

Gebet Christi

Der Du über den Himmeln thronst,
wende Dein Liebesauge zu mir
tief hinunter in Abgrundsdunkel,
wo Sohnestreue einsam wacht –

Süße aus der Bitternis trinkt
und Dir still zu Füßen sinkt,

Vater!

Petrus

Wie der Edelhirsch,
den Speer im Herzen,
an die Quelle noch einmal geht,
Labung zu suchen,
ehe er den Wald auf immer verläßt:

So tatst auch Du, Christi heiliger Freund,
tiefen Trunk aus dem Tränenbecher,
den Dir des Kummers
harte Hand gereicht,
ehe Du ausgingst, die Saat zu streuen.

Sünder warst Du, wie wir.
Seit Du geheiligt bist,
wissen wir irrenden Menschenkinder,
daß auch die schwerste Tat, daß auch die
Schuld wie Blei,
federleicht wird vor Gottes Thron,

Wenn sie gewaschen ward
im rasch strömenden Reuefluß,
der aus dem Herzen entspringt
und an Werken der Buße gern,
wie an Steinen, sprudelnd vorüberrauscht.

Petrus, demutsvoller Apostelfürst,
lenke Dein Auge oft
auf den Pfad Deiner Kinder hin;
banne mit einem Blick,
der unser Herz durchbohrt,
uns – so wie Christi Blick Dich traf!

Christus, Herr und König

Wie der Hirt auf Basans Fluren seinen Schafen lieblich
ruft,
lockt und schmeichelnd die verirrten mit Schalmeien-
tönen ruft,

So erhebt der Gnadenkönig seine Stimme stark und
sanft;
fernhin schallt sie, rührt die felsenharten Herzen, macht
sie sanft.

Und er wendet seine Blicke hin zu seinem armen Volk;
aus den Augen stürzen Tränen, Tränen ums verlassne
Volk.

Auf die Häupter, in die Hände gießt er wundersame
Kraft;
aus den Augen, aus den Seelen strahlt des Heilgen
Geistes Kraft.

Da werden Kinder zu Propheten, Sünder steigen auf zu
Gott,
Teufel ächzen; neugeboren wendet sich die Welt zu
Gott.

Ja, der Hirt der Erdenherde ward des Himmelreiches
Herr:
über gottgetreue Herzen herrscht der allgetreue Herr.

Der englische Gruß

Es zieht ein scheues Weben durch die weite schöne
Welt;
lang zittert die Sekunde,
am Rand der Mittagsstunde.
Durch die Ewigkeit erhellt,
wie der Tautropfen blinkt am Rosenblatt,

wenn die junge Sonne kommt.
Da bricht aus Äthershöhen, von Menschenwirrsal fern,
ein Ton hervor mit Erzesschlag
und elfe folgen treulich nach,
wie die Jünger unserem Herrn.
Im Himmel wie auf Erden singt und klingt es wonne-
voll
bis hin zu Gottes Strahlenthron:

Ave Maria!

Die Pulse pochen schneller. Man sieht die Augen leuch-
ten
in heilgem Liebesglanze und,
geschöpft aus tiefstem Seelengrund,
mit Perlen sich befeuchten. Das irre, zage Menschen-
heer; wird leicht und weit,
vom Engelsflügelpaar berührt.
Sprich, Gnadenfürst Gabriel, nochmal aus
vor der ganzen Welt, was du früher schon
geflüstert mit süßem Silberton
zu der keuschen Jungfrau im kleinen Haus
die den Gott empfing, als er Gast uns war
und Mensch geworden wunderbar:

Ave Maria!

Schwingt mit, ihr Lüfte, erbebt, ihr Grüfte,
jauchzt lauter, ihr Vöglein, schweigt tiefer, ihr Fischlein,
quellt über, ihr Herzen der betenden Menschen,
findet zurück euch zum Vater, ihr Kinder:

Ave Maria!

Johannes

O Seele Du von Gottes Freund,
wie oft hast Du vor Gott geweint

um Menschenelend, Menschenleid,
um ihrer Seelen Seligkeit –

O Opfer Du, von Dem geweiht,
der über Zeit und Ewigkeit
mit zarter Hand, mit fester Hand
das Zepter hält von Land zu Land –

Du Jüngling und zugleich ein Greis,
von Herzen heiß, von Haaren weiß,
gedenke mein im Himmelreich!

Die allerseligste Jungfrau

Weisheit thront auf Deinen Augenbrauen,
Allerschönste. Du bist anzuschauen
sonnengleich,
wunderreich.
Gottes Gnade
spiegelt sich in Dir,
und Du strahlst in ihr.

Auch der Sterne anmutsvoller Reigen,
soll sich, Siegerin, vor Dir verneigen.
Himmelsglanz
dunkelt ganz,
wenn Du leise
lächelst, von der Welt
Schmerzen rings umstellt.

Licht bist Du und hast das Licht geboren,
schlicht bist Du und einzig auserkoren.
Liebesglut,
starken Mut,
strahlt Dein Auge.
Rüste Dich, Du Maid!
Siebenfaches Leid

Naht, daß es Dein Herzblut sauge ....

Vergessen

Niemand geht nach Patmos,
wo das Kind Johannes
wartete auf Gott.

Niemand kommt, mit Tränen
jene harten Wege
die es trat, zu feuchten.

Niemand denkt der Qualen
seiner Flammenseele,
die gen Himmel lohte.

Niemand fühlt die Liebe,
die aus seinem Herzen
in des Heilands Brust

Einstens überfloß –
und die dann, verlassen
von den Erdensöhnen,

Durch die Wüste zog.
Leicht vergessen Menschen,
was sie nicht mehr sehn.

Sieh ein Seraph wartet,
mit geneigtem Haupte,
hier auf dieser Stätte!

Sei geweiht, o Felsen,
bis Du schmilzst im Feuer
eines letzten Tages –

Wie die Felsenherzen
vor der Liebe schmelzen,
die uns Jesus gab.

Doch zuvor wird wieder
noch Johannes kehren
und ein wenig ruhen

Auf dem rauhen Sitz –
wie der Adler rastet
auf der Bergeskuppe

Vor dem Sonnenflug!

Der Rosenkranz

Wie ist Wahrheit doch so schön,
wenn die Rosen um sie stehn,
wisse, Kind,
daß sie ohne Dornen sind.

Wie sie duften, wie sie leuchten,
sich mit Tränentau befeuchten,
wenn sie rund
perlen durch der Frommen Mund.

Wie die Kette steigt und sinkt,
sonnengleich im Lichte blinkt,
das sie tief
aus der Seele Abgrund rief.

Schmerz und Lust durchdringen sich,
einen im Gebete sich,
hauchen leis
Gottes und der Jungfrau Preis.

Heim zum Heiland

Verwittibt war die Welt schon lange
und ihrem Herzen war so bange,
sie wußte nicht wo aus wo ein.
Dem Herrn, der sie zur Braut erlesen,
dem war sie ungetreu gewesen,
sie durfte nicht mehr bei ihm sein.

Da schien ein heller Stern von oben.
Die Engelschöre, hört sie loben
den Herrn, der voll Erbarmen ist.
Zu Bethlehem auf grünen Fluren
erscheint der Herr der Kreaturen
im Menschenkinde Jesu Christ.

Mein Seel zerreißt den Witwenschleier,
sie eilt zur neuen Hochzeitsfeier
mit Jesus, dem sie erst vertraut,
Wie lieblich glüht sie vor Verlangen,
bis sie sich leise fühlt umfangen
vom Heiland als die Gottesbraut.

An die Gottesmutter

Himmlische Maria,
Braut meiner Seele,
gib, hohe Freundin, daß ich
dir mein Herz vermähle.

Nimm es in die Hände,
tauch es in das Rosenblut
deines lieben Sohnes,
dann ist alles gut.

Liebste Mutter, ich empfehle
dir aus ganzem Herzensgrund

meinen Leib und meine Seele
jetzt und in der Todesstund.

Psalm

Es wurde ein Nebel vor Deinem Hause gemacht,
daß man die Türe nicht finden kann.

Aber die Sonne wird kommen
und den Nebel zerstreuen.

Und Deine Heiligen werden eingehen
zu dem Hause des Herrn.

Eine Freude wird sein,
ein Jauchzen unter den Menschen.

Denn der Tag der Erfüllung ist da:
wir haben den Herrn gesehen.

Er gab uns zu trinken,
er gab uns zu leben!

Vorbei ist die Not,
die wir solange ertragen haben.

Vorbei sind die Schmerzen,
die unleidlich schienen,

Stehet auf und danket dem Herrn,
der da groß ist.

Über tredition

Eigenes Buch veröffentlichen

tredition wurde 2006 in Hamburg gegründet und hat seither mehrere tausend Buchtitel veröffentlicht. Autoren veröffentlichen in wenigen leichten Schritten gedruckte Bücher, e-Books und audio-Books. tredition hat das Ziel, die beste und fairste Veröffentlichungsmöglichkeit für Autoren zu bieten.

tredition wurde mit der Erkenntnis gegründet, dass nur etwa jedes 200. bei Verlagen eingereichte Manuskript veröffentlicht wird. Dabei hat jedes Buch seinen Markt, also seine Leser. tredition sorgt dafür, dass für jedes Buch die Leserschaft auch erreicht wird.

Im einzigartigen Literatur-Netzwerk von tredition bieten zahlreiche Literatur-Partner (das sind Lektoren, Übersetzer, Hörbuchsprecher und Illustratoren) ihre Dienstleistung an, um Manuskripte zu verbessern oder die Vielfalt zu erhöhen. Autoren vereinbaren direkt mit den Literatur-Partnern die Konditionen ihrer Zusammenarbeit und partizipieren gemeinsam am Erfolg des Buches.

Das gesamte Verlagsprogramm von tredition ist bei allen stationären Buchhandlungen und Online-Buchhändlern wie z. B. Amazon erhältlich. e-Books stehen bei den führenden Online-Portalen (z. B. iBookstore von Apple oder Kindle von Amazon) zum Verkauf.

Einfach leicht ein Buch veröffentlichen: **www.tredition.de**

Eigene Buchreihe oder eigenen Verlag gründen

Seit 2009 bietet tredition sein Verlagskonzept auch als sogenanntes "White-Label" an. Das bedeutet, dass andere Unternehmen, Institutionen und Personen risikofrei und unkompliziert selbst zum Herausgeber von Büchern und Buchreihen unter eigener Marke werden können. tredition übernimmt dabei das komplette Herstellungs- und Distributionsrisiko.

Zahlreiche Zeitschriften-, Zeitungs- und Buchverlage, Universitäten, Forschungseinrichtungen u.v.m. nutzen diese Dienstleistung von tredition, um unter eigener Marke ohne Risiko Bücher zu verlegen.

Alle Informationen im Internet: **www.tredition.de/fuer-verlage**

tredition wurde mit mehreren Innovationspreisen ausgezeichnet, u. a. mit dem Webfuture Award und dem Innovationspreis der Buch Digitale.

tredition ist Mitglied im Börsenverein des Deutschen Buchhandels.

Dieses Werk elektronisch lesen

Dieses Werk ist Teil der Gutenberg-DE Edition DVD. Diese enthält das komplette Archiv des Projekt Gutenberg-DE. Die DVD ist im Internet erhältlich auf **http://gutenbergshop.abc.de**

FSC
www.fsc.org
MIX
Papier | Fördert
gute Waldnutzung
FSC® C083411

Zeitfracht Medien GmbH
Ferdinand-Jühlke-Straße 7
99095 Erfurt, Deutschland
produktsicherheit@kolibri360.de